D0859817

Koen en Lot

Ik ben op jou!

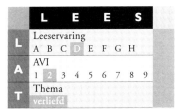

L	**E**		**E**	**S**
L Leeservaring				
A B C D E F G H				
A AVI				
1 2 3 4 5 6 7 8 9				
T Thema				
verliefd				

Toegekend door KPC Groep te 's-Hertogenbosch.

Vierde druk, 2003

ISBN 90 269 9370 6
NUR 287
© 2000 Uitgeverij Van Holkema & Warendorf,
Unieboek BV, Postbus 97, 3990 DB Houten
www.unieboek.nl
www.mariannebusser-ronschroder.info

Tekst: Marianne Busser en Ron Schröder
Tekeningen: Dagmar Stam
Vormgeving: Petra Gerritsen

Marianne Busser en
Ron Schröder

Koen en Lot
Ik ben op jou!

Met illustraties van
Dagmar Stam

Van Holkema & Warendorf

Koen maakt een brief.
Een brief voor Lot.

Ik ben op jou.
Kus van Koen

Zo is het goed, denkt Koen.
Nu nog een bloem.
Hij pakt een stift en maakt een
bloem.
Een roos.
Dat staat wel leuk.

4

Lot zit op haar bed.
Ik ben op Koen, denkt ze.
Ik vind hem zo lief.
Maar ik zeg niks.
Ik kijk wel uit.
Dát durf ik niet.

Dan heeft Lot een plan.
Ik maak een hart.
Een hart voor Koen.

Lot pakt een schaar.

En ook een rood vel papier.

Ze knipt een hart.

Een groot hart.

Een hart voor Koen.

Omdat hij zo lief is.

Ze plakt een ster op het hart.

En nog een ster en nog een ster.

Dan pakt Lot een pen.

Voor Koen schrijft ze op het hart.

Koen loopt op het plein.
Hij heeft de brief in zijn zak.
De brief voor Lot.
Koen ziet Lot wel.
Maar hij geeft de brief niet aan
haar.
Dat durf ik niet, denkt hij.

Dan gaat de bel.
Lot doet haar jas uit.
Ze loopt de klas in.

Koen blijft in de gang staan.
Hij pakt de brief uit zijn zak,
en zoekt de jas van Lot.

Maar Koen maakt een fout.
Hij stopt de brief in de jas van Els.
De jas van Lot is groen.
En de jas van Els ook.
Hoe zal dat nu gaan?

Lot zit in de klas.
Juf leest voor over een kat.
Een domme kat die Pluis heet.
Maar Lot let niet op.
Ze kijkt naar Koen.

Ze vindt hem zo lief.
Ze denkt aan het hart voor Koen.
Het is nog niet klaar.
Maar dat komt nog wel, denkt Lot.

9

'Lot,' zegt juf.
'Let jij wel op?'
Lot wordt rood.
'Ja hoor,' zegt ze.
'Meen je dat?' vraagt juf.
'Hoe heet de kat in dit boek dan?'

Lot denkt na.
'Koen...?' vraagt ze.
De klas lacht.
'Nee,' zegt juf.
'De kat heet Pluis.
Let je nu op?'
'Ja juf,' zegt Lot.

10

De bel gaat.

'Snel naar huis,' zegt juf.

'Eet lekker.'

Koen loopt de gang in.

Hij kijkt naar Lot.

Lot pakt haar jas van de kapstok.

En Els ook.

Dan gaan ze naar het plein.

Lot merkt het niet, denkt Koen.

De brief zit in haar zak.

Ze heeft hem nog niet gezien.

Jammer.

Els loopt op het plein.
Ze voelt in haar zak.
Zit er nog iets in?
Een stuk koek of drop?
Maar nee.
Els voelt wel iets anders.
Het is een brief.
De brief van Koen.

Els leest wat er staat.
Ik ben op jou.
Kus van Koen

Wat is dát nou? denkt Els.
Is Koen op mij?
Wat gek.
Maar ik ben niet op hem.
Dat weet hij best.

Els gaat naar Lot.
'Kijk eens,' zegt ze.
Ze laat de brief aan Lot zien.
Lot leest wat er staat.
Ze wordt wit van schrik.
Dus Koen is op Els?
Wat erg!

'Koen is op mij,' zegt Els.
'Maar ik niet op hem.
Vind je het niet gek, Lot?'
Lot knikt.
Ze zegt niets.
'Is er iets?' vraagt Els.
'Nee,' zegt Lot.
'Er is niets.
Maar ik wil naar huis.'

Lot draait zich om en loopt weg.
Els kijkt haar na.
Wat doet Lot raar.

14

Lot is thuis.

Ze prikt met een vork in haar brood.

'Je eet niet veel,' zegt mam.

'Ben je ziek?'

'Nee,' zegt Lot.

'Boos?' vraagt mam.

'Nee,' zegt Lot weer.

'Ik ben gewoon moe.'

Mam knikt.

'Ik hoop dat je niet ziek wordt.'

Dan kijkt ze op de klok.

'Je moet weer naar school,' zegt ze.

'Ga maar gauw.'

Lot loopt het plein op.

Het is druk.

De meisjes uit haar klas staan bij elkaar.

Els laat ze de brief zien.

De brief van Koen.

O jee, denkt Lot.

Ze voelt zich rot.

'Ha ha!' roept Fien.

'Koen is op Els.'

Fien rent naar Koen.

'Ben jij op Els?' vraagt ze.

'Nee,' zegt Koen.

'Je liegt,' zegt Fien.

'Je bent wél op haar.'

Koen wordt rood.

Hij ziet dat Lot naar hem kijkt.

'Ik ben niet op Els,' zegt hij boos.

'Wel,' zegt Fien.

'Kijk maar.'

Ze laat de brief aan Koen zien.

'Die brief zat in de jas van Els.

Hij is van jou.'

'Ik ben niet op Els,' zegt Koen nog
eens.

'Ha ha!' roept Roos.

'Koen is op Els.'

Koen loopt kwaad weg.

Els en Roos lopen met hem mee.

Els haalt de brief weer uit haar zak.

'Is die brief van jou?'

'Dat wel,' zegt Koen.

'Voor wie was die brief dan?'

'Dat zeg ik niet,' roept Koen boos.

'Zie je wel,' zegt Roos.

'Koen is echt op jou, Els.

Ha ha!'

Koen kijkt naar het bord.
Bah! denkt hij.
Ik heb geen zin in sommen.
Ik wil naar huis.
Die stomme meiden!
Koen kijkt even naar Lot.
Lot kijkt ook naar hem.
Maar ze lacht niet.
Ze steekt haar tong uit.
Lot is boos, denkt Koen.
Ze denkt dat ik op Els ben.
Dat komt door die rotbrief.

Lot is weer thuis.
'Wat zie je bleek,' zegt mam.
'Wat is er?'
'Niks,' zegt Lot.
Ze loopt snel de trap op.
Ze smijt haar tas in een hoek.

Dan ziet Lot het hart.
Het hart voor Koen.
Het is nog niet af.
Maar dat geeft niet.
Koen is toch op Els.
Lot scheurt het hart door midden.
Ze gooit het weg.
Het hart is stom.
En Koen is ook stom.
Alles is stom.
Stom, stom, stom!

Boos loopt Lot de trap af.
'Wil je thee?' vraagt mam.
'Nee,' zegt Lot.
'Ik wil niks.
Ik heb nergens zin in.'
Ze loopt de tuin in.
Maar daar is het ook niet leuk.

Mam gaat naar boven.

Ze legt een broek in de kast van Lot.

Dan ziet ze iets op de grond.

Het is een stuk van een hart.

Voor Koen, leest mam.

Dat is het dus, denkt ze.

Lot is op Koen.

Maar Koen niet op Lot.

Mam gaat naar de tuin.

Lot staat tegen een boom.

Mam slaat een arm om Lot heen.
'Ik weet al wat er is,' zegt ze.
'Jij bent op Koen.
Maar Koen is niet op jou.'

Lot knikt.
'Dat is niet leuk,' zegt mam.
'Maar het komt vast wel weer goed.
Je speelt zo vaak met Koen.'
'Maar Koen is op Els!' snikt Lot.
'Els kreeg een brief van Koen.'

Koen loopt rond met zijn bal.
Hij denkt aan Lot.
Lot vindt mij niet meer lief.
Ze denkt dat ik op Els ben.
Koen geeft de bal een trap.

Ik weet iets, denkt hij dan.
Ik maak nog een brief.
Een brief voor Lot.
Die doe ik bij Lot in de bus.

Koen gaat naar zijn kamer.
Hij pakt een pen en schrijft:

Ik ben niet op Els.
Ik ben op jou.
Wil je niet meer boos zijn?

Kus van Koen

'Weet je wat?' zegt mam.

'Ik heb een plan, Lot.

Maak nog een hart.

Een hart voor Koen.

Dan doe je dat bij Koen in de bus.'

'Is dat niet gek?' vraagt Lot.

'Welnee,' lacht mam.

'Dat is juist leuk.

Koen zal er blij mee zijn.

Dat weet ik zeker.'

Lot gaat snel aan de slag.
Ze knipt weer een heel groot hart.
Daarna pakt ze een pen.
Ze schrijft iets op het hart:

Ik ben op jou.
Ben jij ook op mij?

Lot

Zo, denkt Lot.
Nu breng ik het hart naar Koen.

27

Lot doet haar jas aan.

Het voelt een beetje raar in haar
buik.

Toch wel eng, denkt ze.

'Ik ga!' roept Lot.

'Ik ga naar Koen.'

'Goed,' zegt mam.

En dan gaat Lot op weg naar Koen.

Koen doet zijn jas aan.

Hij heeft de brief in zijn hand.

Het voelt een beetje raar in zijn buik.

Toch wel eng, denkt hij.

'Ik ga!' roept Koen.

'Ik ga naar Lot.'

'Goed,' zegt mam.

En dan gaat Koen op weg naar Lot.

Koen loopt op de stoep.
En Lot loopt ook op de stoep.

'Wat ga jij doen?' vraagt Koen.
'Dat zeg ik niet,' zegt Lot.
'En jij?' vraagt ze.
'Waar ga jij naar toe?'
'Ik zeg het ook niet,' zegt Koen.
Hij wordt een beetje rood.
En dan is het een poosje stil.

Lot haalt diep adem.
Ik zeg het gewoon, denkt ze.
'Ik ging naar jou,' zegt Lot.
'Ik heb iets voor je.'
'Voor mij?' vraagt Koen.
'Wat gek!
Want ik heb ook iets voor jou.'

Koen geeft de brief aan Lot.
En Lot geeft het hart aan Koen.
'Wat leuk,' zegt Koen.
'Heel leuk,' zegt Lot.

Koen kijkt om zich heen.
Hij ziet niets.
Dan geeft hij Lot snel een kus.
Een kus op haar neus.
'Ik vind je lief,' zegt hij.
'Ik jou ook,' zegt Lot.
'Héél erg lief!'

Koen en Lot

Dit boekje gaat over Koen en Lot.
En dit zijn alle Koen en Lot-boekjes
op een rij…

Ik ben op jou	AVI 2
Een kind in de sloot	AVI 2
Een schat in het park	AVI 2
Een spook in de klas	AVI 3
Feest in groep drie	AVI 3
Een klap voor je kop	AVI 3
De hut van groep vier	AVI 4
Een konijn voor Lot	AVI 4
Koen wint een prijs	AVI 4

En nu maar hopen dat je deze boekjes
leuk vindt!
Veel liefs,

Marianne Busser en Ron Schröder